Maquiavel
&
O Príncipe

Coleção **PASSO-A-PASSO**

CIÊNCIAS SOCIAIS PASSO-A-PASSO
Direção: Celso Castro

FILOSOFIA PASSO-A-PASSO
Direção: Denis L. Rosenfield

PSICANÁLISE PASSO-A-PASSO
Direção: Marco Antonio Coutinho Jorge

Ver lista de títulos no final do volume

Alessandro Pinzani

Maquiavel
&
O Príncipe

Jorge Zahar Editor
Rio de Janeiro

Copyright © 2004, Alessandro Pinzani

Copyright desta edição © 2004:
Jorge Zahar Editor Ltda.
rua México 31 sobreloja
20031-144 Rio de Janeiro, RJ
tel.: (21) 2240-0226 / fax: (21) 2262-5123
e-mail: jze@zahar.com.br
site: www.zahar.com.br

Todos os direitos reservados.
A reprodução não-autorizada desta publicação, no todo
ou em parte, constitui violação de direitos autorais. (Lei 9.610/98)

Composição eletrônica: TopTextos Edições Gráficas Ltda.
Impressão: Geográfica Editora

Capa: Sérgio Campante

CIP-Brasil. Catalogação-na-fonte
Sindicato Nacional dos Editores de Livros, RJ.

	Pinzani, Alessandro
P732m	Maquiavel & O Príncipe / Alessandro Pinzani. — Rio de Janeiro: Jorge Zahar Ed., 2004
	(Filosofia Passo-a-passo)
	Inclui bibliografia
	ISBN 85-7110-801-3
	1. Machiavelli, Niccolo, 1469-1527. O príncipe. 2. Ciência política — Filosofia. 3. Ética política. I. Título. II. Série.
04-1553	CDD 320
	CDU 32

Sumário

Introdução	7
"Eu compus um opúsculo, *De principatibus*"	8
O contexto histórico	10
Posição do *Príncipe* na obra de Maquiavel	14
O método de Maquiavel	16
Natureza humana e poder	19
A questão da modernidade do pensamento de Maquiavel	21
O Príncipe passo a passo	25
Recepção do *Príncipe*	49
Seleção de textos	52
Referências e fontes	65
Leituras recomendadas	67
Sobre o autor	70

Introdução

Quase não há, na história do pensamento político, livro que tenha provocado tantos debates e comentários e tido tanta influência como *O Príncipe* de Maquiavel. Ao mesmo tempo, não há outro livro que, além de ser tão discutido, tenha sido interpretado de maneiras tão diversas e contraditórias como esse. *O Príncipe* foi criticado e recusado por alguns por ser considerado uma obra do diabo (os ingleses, por exemplo, chegaram a dar a Satã o nome de *Old Nick*, ou seja, Velho Nicolau, numa referência ao nome de batismo de Maquiavel) ou, ainda, a máxima teorização da imoralidade e a ausência de escrúpulos do poder absoluto.

Já por outros ele foi exaltado como sátira republicana, feroz e deslumbrante, através da qual o verdadeiro caráter desse poder e da monarquia se revelaria em todo o seu horror. Utilizada por políticos como manual de ação (inumeráveis grandes personagens da história mundial afirmaram e afirmam ter esse livro como leitura de cabeceira), em nossos dias, fazem-se inclusive adaptações dessa obra para administradores ou para mulheres. O risco dessas adaptações é este: *O Príncipe* perde o seu valor enquanto obra situada historicamente, passando a um simples manual de estratégias mesquinhas, isto é, acaba se tornando um livro de psicologia barata. É preciso, portanto, situar essa obra-prima do pensamento político em sua dimensão histórica e teórica, já que, sem a devida correção, seu alcance revolucionário para sua época não seria bem compreendido, e como conseqüência sua contribuição à compreensão do pensamento ocidental moderno ficaria deturpada.

O presente livro tem como objetivo introduzir o leitor às questões levantadas pelo *Príncipe*, situando-as no seu contexto histórico e no âmbito da obra de Maquiavel. Não há a pretensão de constituir um comentário exaustivo e/ou definitivo. A fascinação de uma obra como *O Príncipe* consiste precisamente na sua capacidade de sempre revelar elementos novos de reflexão e permitir sempre novas interpretações, atribuindo ao leitor a tarefa de formar sua própria opinião.

"Eu compus um opúsculo, *De principatibus*"

Numa célebre carta ao seu amigo Francesco Vettori, enviado do governo florentino em Roma, datada de 10 de dezembro de 1513, Maquiavel descreve sua vida cotidiana, na sua pequena quinta de Sant'Andrea in Percussina, localidade a cerca de vinte quilômetros de Florença, onde ele tinha se retirado após ter sido deposto de todos os seus cargos. (Após a queda da República em 1512, Maquiavel foi preso e torturado, acusado de participar de uma conspiração contra os Médici. Embora sua inocência tenha sido provada e ele, libertado, a atmosfera na cidade ficou difícil para ele. Resolveu, portanto, retirar-se, na referida quinta.) Aí, conforme ele narra na carta a Vettori, passava o tempo ocupando-se de pequenos negócios como a venda de lenha (peleando com os compradores insolventes), lendo livros de Dante e Petrarca ou jogando cartas na taberna do povoado com "um açougueiro, um moleiro e dois oleiros. Com estes eu me acanalho todo o dia jogando a 'cricchia' e o 'triche-trach', coisa da qual nascem mil brigas e trocas de injúria sem-fim; e embora na maioria das vezes ponhamos em jogo somente um tostão, nos ouvem gritar de San Casciano [pequena cidade que fica a poucos quilômetros]. Assim, embrulhado entre estes piolhos, subtraio o meu cérebro ao mofo. Mas quando chega a noite, volto para a minha casa e entro no meu escritório; e no limiar da porta largo essa veste cotidiana cheia de lama e lodo, e visto roupa solene e curial, e vestido solenemente entro nas antigas cortes dos homens antigos."

Assim Maquiavel lia todas as noites, durante quatro horas, as obras dos autores clássicos: Lívio, Políbio, Tucídides, Xenofonte. O resultado dessa "conversação", como a chama Maquiavel, é "um opúsculo *De principatibus*, onde eu me prodigalizo por quanto eu possa em pensamentos sobre esse assunto, discutindo o que seja um principado, de quantos tipos eles sejam, como se adquirem, como se mantêm, por que se perdem."

Maquiavel revela a Vettori a intenção de dedicar o livro a Giuliano de Médici, mas acabou dedicando-o a Lorenzo de Médici, neto do papa Leão X (também um Médici), que era de fato o chefe do regime dessa casa em Florença. Maquiavel tinha convicção de que o jovem Lorenzo poderia traduzir em ação política os conselhos contidos no livro e tornar-se aquele príncipe destinado a unificar a Itália. Todavia, quando Vettori conseguiu apresentar o manuscrito a Lorenzo de Médici, este colocou-o de lado sem se dignar a sequer olhá-lo, interessando-se mais por dois cães com os quais uma outra pessoa, naquele mesmo instante, o presenteava.

Embora o manuscrito, terminado provavelmente nos primeiros meses do ano 1514, tenha começado a circular nos ambientes diplomáticos e políticos, quase às escondidas, encontrava contudo pouco sucesso, sendo considerado, por assim dizer, um texto "perverso". O livro foi impresso somente em 1532, cinco anos depois da morte de Maquiavel, recebendo o título atual, *O Príncipe*, em substituição ao latino *De principatibus* dado por Maquiavel. Contudo, ainda que não houvesse sido impresso, seu conteúdo já era conhecido nas cortes e nas chancelarias italianas e já havia dado ao seu autor a fama de um homem malvado e ateu. O juízo negativo que viria a pesar sobre *O Príncipe* e o seu autor por séculos já havia sido emitido antes mesmo de a obra aparecer ao público.

O contexto histórico

A partir do ano 1434, Florença foi submetida ao poder da família Médici, que eram os maiores banqueiros da cidade e estavam entre os mais importantes da Europa. Cosimo o Velho e seu neto Lorenzo o Magnífico governaram a cidade em momentos muito difíceis para a Itália, então envolvida em lutas contínuas entre os diversos Estados que formavam a península, principalmente com as repúblicas de Veneza e de Florença, o ducado de Milão, o Estado da Igreja e o Reino de Nápoles. Cosimo e Lorenzo favoreceram uma política pacificatória, particularmente Lorenzo, que passou à história como o artífice da assim chamada "política do equilíbrio", isto é, uma rede de alianças que tentava impedir que qualquer daqueles Estados alcançasse o predomínio sobre os outros.

Embora os Médici não tivessem tomado diretamente a direção do governo (nem Cosimo nem Lorenzo ocuparam cargos oficiais), eles criaram uma verdadeira ditadura familiar, buscando juntar no seu sistema de poder outras famílias importantes da cidade e atraindo o povo para seu lado, como se manifestou por ocasião de uma conspiração com a qual membros da família Pazzi tentaram eliminar Lorenzo e o seu irmão Giuliano, que foi morto: naquela circunstância, a cidade inteira tomou o partido de Lorenzo, e por isso o poder dos Médici saiu reforçado. Além disso, deve-se salientar também que os Médici eram amantes das artes. Cosimo fundou a Academia Platônica, que foi a base do redescobrimento da filosofia de Platão no Renascimento, e ordenou a construção e a decoração de palácios e igrejas; Lorenzo, por sua vez, era um ótimo poeta e se cercou de grandes artistas. Figuras como Michelangelo, Leonardo da

Vinci, Botticelli e Brunelleschi receberam encargos e proteção dos Médici, que sem dúvida contribuíram para que Florença se tornasse a magnífica cidade que ainda hoje é.

Lorenzo morreu em 1492, num momento de grandes tensões internas. Subiu ao poder um frade dominicano, Girolamo Savonarola, que pregava contra a corrupção política e a degeneração dos costumes, cuja causa ele identificava com o domínio dos Médici, e invocava uma restauração republicana. O filho de Lorenzo, Piero, não estava à altura dos desafios de então. Precipitando as coisas, o rei da França, Carlos VIII, resolveu marchar com seu exército sobre a Itália, para reclamar a coroa de Nápoles. Os franceses penetraram na península sem encontrar resistência: Piero de Médici foi ao encontro do rei para garantir-lhe a aliança de Florença e lhe entregou algumas fortalezas do litoral toscano. Quando a notícia chegou à cidade, os florentinos, indignados com a covardia de Piero, rebelaram-se; o partido republicano conseguiu expulsar os Médici e instaurar uma república. O novo governo resistiu à passagem do exército francês, mas perdeu a cidade de Pisa, que, aproveitando-se da situação, declarou sua independência.

Em 1498, Savonarola foi condenado à fogueira, pois atacou violentamente o papa Alexandre VI, um dos mais corruptos da história da Igreja. O governo da cidade ficou nas mãos das famílias excluídas do poder pelos Médici, e Piero Soderini foi nomeado *gonfaloniere* (chefe do governo) perpétuo. No mesmo ano da morte do frade, Nicolau Maquiavel foi nomeado, aos vinte e nove anos, secretário da

Segunda Chancelaria (cargo que na Florença republicana tinha importância muito significativa; hoje poderia ser comparado ao de chefe do gabinete do Ministério das Relações Exteriores).

Foram anos difíceis tanto para a cidade como para a Itália. Carlos VIII acabou mostrando como era fácil entrar no país, e outros soberanos estrangeiros seguiram seu exemplo. A península tornou-se, então, o cenário de longas e ferozes lutas entre França, Espanha e o Império Alemão, sendo atravessada por exércitos mercenários que levavam consigo violência, devastação e pestilências. Os pequenos e fracos Estados italianos tornaram-se expectadores impotentes, buscando continuamente a aliança e a proteção do mais poderoso entre os pretendentes. Com esse propósito, Maquiavel foi enviado pelo governo republicano à França, à Alemanha e a outros lugares, para tratar alianças com os soberanos ou seus ministros. A república florentina foi ameaçada muitas vezes, pelos exércitos imperiais e por César Bórgia, o feroz filho do papa Alexandre, que intencionava estabelecer o seu domínio sobre toda a Itália central. Por fim, em 1512 as tropas espanholas — a pedido do novo papa, Leão X, um Médici — conquistaram Florença. A república se revelou incapaz de se defender com a sua pouco eficiente e pouco treinada milícia cívica, instituída graças à insistência de Maquiavel. Soderini foi exilado e Maquiavel, demitido. Lorenzo de Médici, bisneto de Lorenzo o Magnífico, tomou o poder, instaurando de fato a ditadura.

Posição do *Príncipe* na obra de Maquiavel

Ao escrever *O Príncipe*, Maquiavel se coloca um objetivo bem determinado, articulado em dois momentos: primeiramente, indicar o caminho que deveria ser percorrido por quem quisesse unificar a Itália; depois, mostrar que o momento era altamente propício para a unificação. Neste sentido, a exortação a Lorenzo de Médici contida no capítulo XXVI, mais do que uma expressão de bajulação cortês, representa um apelo sincero para "tomar a Itália e libertá-la das mãos dos bárbaros", como demonstra o próprio título do capítulo. Com efeito, aos olhos de Maquiavel, a situação de Lorenzo era similar àquela de César Bórgia, o qual também tinha contado com a proteção de um papa dotado de planos ambiciosos: a criação de um principado de grandes dimensões na Itália central.

A partir dessa perspectiva deveria ser possível dar uma resposta à questão, tão debatida entre os intérpretes, acerca da datação da escrita do *Príncipe*, especialmente em relação à dos *Comentários sobre a primeira década de Tito Lívio*. Não se trata simplesmente de uma questão de cronologia, mas de estabelecer quais são as relações teóricas entre a posição republicana afirmada por Maquiavel nos *Comentários* e a posição aparentemente monárquica do *Príncipe*. Na realidade não há contradição entre as duas obras. Nos *Comentários*, Maquiavel exprime a convicção de que só um indivíduo poderia instituir ou reformar uma república, e nisso consistiria precisamente a tarefa do príncipe: conquistar para si ou criar *ex novo* um Estado, dando-lhe uma organização político-jurídica estável. Uma tal organização só pode ser uma constituição republicana, como afirma Maquiavel freqüentemente, até mesmo no breve *Discurso sobre as coisas florentinas depois da morte do jovem Lorenzo de Médici*, que ele escreveu entre 1520 e 1521 a pedido do papa Médici. Para Maquiavel, se o príncipe quisesse verdadeiramente que Florença ficasse livre e independente do domínio alheio, ele não deveria abolir sua constituição republicana, mas reforçá-la, pois só instituições republicanas podem garantir a estabilidade de uma cidade acostumada à liberdade e à independência como Florença.

O ideal de Maquiavel consiste, portanto, na criação de um Estado independente por mão de um príncipe capaz de dar a essa sua criação uma constituição republicana passível de lhe garantir a estabilidade. Neste sentido, poder-se-ia dizer que *O Príncipe* trata de como criar um novo Estado e identifica o príncipe como o único sujeito capaz dessa tarefa. Já nos *Comentários* Maquiavel se ocupa da questão da estabilidade e manutenção desse Estado, identificando nas instituições republicanas o instrumento mais apropriado para tal fim.

A complementaridade existente entre os dois livros levou alguns comentadores a considerar a hipótese de que Maquiavel haveria suspendido a redação dos *Comentários* para escrever *O Príncipe*, mais especialmente depois de ter chegado ao capítulo 26, em que ele enfrenta a questão de como um príncipe deve se comportar depois de ter conquistado um território novo. Mas Maquiavel, ao enfrentar a questão do nascimento de uma república, teria chegado à conclusão de que isso só pode acontecer pela ação de um indivíduo excepcional. Assim, *O Príncipe* ofereceria a solução desse problema, constituindo portanto uma espécie de digressão em relação aos *Comentários*.

O debate acerca da datação correta da composição dos *Comentários*, bem como de sua relação cronológica com *O Príncipe*, parece destinado a ficar em aberto. Mais importante de tudo é que de uma vez por todas seja posta de lado a idéia de que haveria, por um lado, o Maquiavel republicano, autor dos *Comentários*, e por outro lado o Maquiavel teórico do absolutismo amoral do *Príncipe*.

O método de Maquiavel

Para quem se ocupa do pensamento de Maquiavel, uma das maiores dificuldades diz respeito ao fato de que esse autor não é um pensador sistemático, pois ele não desenvolve uma teoria política com um método científico numa obra orgânica, como fará, por exemplo, Hobbes no *Leviatã*. Maquiavel interpreta os seus escritos como compêndios de conselhos práticos e de instruções para a ação. Influenciar a realidade, e não desenvolver teorias, é o seu propósito. Para alcançá-lo, recorre aos exemplos oferecidos pelos grandes homens de todas as épocas: "Um homem prudente deve sempre seguir os caminhos abertos pelos grandes homens." Neste sentido, pode-se considerar *O Príncipe* como uma obra pertencente ao gênero dos manuais para soberanos, gênero particularmente comum da Idade Média e no Renascimento (ver por exemplo as obras de Francesco Patrizi e Giovanni Pontano). Entretanto, uma tal leitura fica superficial se levarmos em conta o verdadeiro propósito do *Príncipe*, que só pode ser de fato entendido no seu último capítulo: a "exortação a tomar a Itália e libertá-la das mãos dos bárbaros". Constitui-se, portanto, não simplesmente num manual para príncipes aspirantes, mas sim num compêndio sobre a arte de conquistar e manter o poder político, e até mesmo de criar um novo Estado.

Com respeito ao método, a argumentação de Maquiavel distingue-se daquela dos pensadores posteriores, como Hobbes, sobretudo pelo seu caráter indutivo. Maquiavel não quer estabelecer as *regras* da política, mas identificar as *regularidades* presentes nela. O seu método se caracteriza, portanto, por um recurso à história e à empiria, o que não acontece com os filósofos pós-cartesianos. O secretário florentino não tira suas conclusões de modo dedutivo, mas sim indutivamente, ou seja, não parte de axiomas e postulados, mas de exemplos históricos, que ele extrai das obras de autores clássicos, como Lívio, mas também de Políbio, Tucídides e Xenofonte e, sobretudo da história mais recente e de sua experiência pessoal como enviado da República Florentina. Esse método pode ser observado especialmente no capítulo VIII do *Príncipe*: primeiramente, Maquiavel nos oferece um exemplo antigo (Agátocles) e um contemporâneo (Liverotto da Fermo); depois, apresenta-nos algumas reflexões teóricas gerais sobre o uso bom ou mau (não no sentido moral, mas sim no sentido de "inútil, sem bom êxito") da crueldade. Essas reflexões são baseadas na conduta dos exemplos mencionados e dão lugar, enfim, a um conselho prático sobre o melhor uso da crueldade por parte do príncipe ("Daí ser preciso sublinhar que, ao tomar um Estado, o conquistador deve examinar todas as ofensas que precisa fazer, para perpetuá-las todas de uma só vez.").

Um tal método não parecerá suficientemente científico aos representantes do conceito baconiano ou cartesiano de ciência (como o mencionado Hobbes). Eles preferirão uma construção abstrata que, partindo de certos axiomas, chegue a determinadas conclusões. Maquiavel não desconhecia o método dedutivo, mas repreendia os pensadores que o utilizavam, pois, na sua opinião, eles permaneciam distantes da realidade concreta das coisas, daquela que Maquiavel chama de *"verità effettuale"*, ou seja, verdade efetiva. Tal verdade se deixa compreender tão-somente através do conhecimento e da correta interpretação da história. O homem político em busca de orientações para o seu agir deveria escolher exemplos históricos e segui-los, ao invés de imaginar uma realidade que nunca existiu ou que se poderia encontrar só nos escritos de filósofos como Platão ou Aristóteles ("Muitos imaginaram repúblicas e principados que jamais foram vistos.").

O interesse de Maquiavel se dirige sempre à práxis política, pois, para ele, a teoria não pode ser separada da práxis. Similarmente, esta resulta sempre de uma correta aplicação da teoria. Ainda nos seus relatórios à *signoria* (o governo de Florença) ou nos discursos sobre questões particulares, que Maquiavel escreveu para outros funcionários ou para o próprio Piero Soderini, ele não pôde renunciar a instruir seus leitores ou ouvintes sobre os mecanismos da política ou sobre a natureza humana. A imagem que Maquiavel tem dessa natureza constitui, por isso, justamente uma das razões principais de sua fama como pensador cínico e desiludido.

Natureza humana e poder

Para o filósofo grego Aristóteles, o homem é um animal político, porque os seres humanos tendem naturalmente à convivência com os outros homens. Para Maquiavel, ao contrário, os homens tendem, por sua natureza, à divisão e à desunião. Na antropologia de Maquiavel, os homens são "ingratos, volúveis, simulados e dissimulados, fogem dos perigos, são ávidos de ganhar"; são desconfiados, esquecidos, invejosos e ambiciosos; "se comprazem tanto em suas próprias coisas e de tal modo se iludem, que raramente se defendem" dos aduladores; "têm menos receio de ofender a quem se faz amar do que a outro que se faça temer" e "esquecem mais rapidamente a morte do pai do que a perda do patrimônio". São insaciáveis e sempre descontentes com tudo o que possuem. Precisam de rédeas, porque as suas paixões ameaçam derrubar eles mesmos e o Estado, porém esquecem pronto os castigos recebidos.

Maquiavel continua: os homens amam as novidades, mas se opõem a elas quando são introduzidas — isto também porque "é um defeito comum entre os homens não levar em conta a tempestade, durante a bonança". Estão dispostos à malvadez e "sempre se revelarão maus, se não forem forçados pela necessidade de serem bons". Deixam-se enganar pelas aparências e a sua pouca prudência "começa uma coisa que, por ter bom sabor, não lhes permite notar o veneno que traz por baixo". São "tão simples e obedecem tanto às necessidades presentes, que o enganador encontrará sempre quem se deixe enganar". Eles "julgam as coisas mais pelos olhos que com as mãos" e só raramente sabem ser completamente bons ou maus, assim que só raramente podem executar grandes ações. Numa palavra: os homens são "maus".

Além disso, para Maquiavel, todas as relações inter-humanas são relações de poder. Para o indivíduo, os outros são obstáculos ou instrumentos para a obtenção de seus fins; é preciso, por conseguinte, controlá-los sem cair, por sua vez, sob o controle deles. Até o amor leva os indivíduos à tentativa de manipular os seres amados, como Maquiavel nos mostra na *Mandrágora*, sua comédia mais famosa. E quando não luta contra os outros, o indivíduo tem que se guardar das próprias paixões: torna-se uma luta interior, mas acaba sendo uma luta para alcançar o poder e controlar o agir humano.

A obra de Maquiavel consiste, em sua totalidade, numa reflexão sobre o poder. O que lhe interessa, porém, ao escrever *O Príncipe* ou os *Comentários*, não é o poder em si, mas o poder como instrumento irrenunciável para unificar uma comunidade política, para dar-lhe ordem e segurança e deixá-la prosperar.

A questão da modernidade
do pensamento de Maquiavel

Contudo, embora Maquiavel não seja um pensador sistemático, pode-se falar de sua teoria política: uma teoria que constitui uma verdadeira doutrina da técnica e da eficiência do domínio político, mas não — como no caso das teorias contratualistas modernas de Hobbes até Kant — uma teoria que aponte para a legitimação do poder político em si ou para a explicação do nascimento da sociedade mesma (nos *Comentários* Maquiavel oferece uma reconstrução desse nascimento, mas, ao fazê-lo, apenas retoma modelos clássicos como a teoria do ciclo das constituições elaborada por Políbio).

Igualmente, ele reflete sobre o surgimento do Estado moderno na forma dos Estados nacionais, mas não oferece uma teoria desse fenômeno. Embora individue alguns elementos que caracterizam esse tipo de Estado (concentração do poder legítimo nas mãos de um único soberano, independência do poder papal, submissão da aristocracia e das cidades independentes), Maquiavel os interpreta à luz das tradicionais lutas pelo poder e cita os antigos historiadores — como se não houvesse diferenças, por exemplo, entre Francesco I da França, Carlos V ou César Bórgia, por um lado, e Felipe da Macedônia, Júlio César ou os outros grandes homens da Antigüidade, por outro lado. Escapa-lhe, assim, o fato de que a luta entre a França e o Império Alemão não foi somente a luta entre duas grandes potências (como entre Esparta e Atenas na Grécia Antiga), mas a luta final entre dois sistemas políticos; e, no final, foi o sistema da potência vencida sobre o campo de batalha, o modelo francês do Estado nacional que derrotou o velho modelo imperial, embora este tivesse sido o vencedor militar.

É verdade que Maquiavel parece intuir tudo isso, como demonstra o fato de que ele indica a França e a Espanha como os exemplos que deveriam guiar a unificação nacional da Itália. Porém, ele só sabe ler o surgimento de Estados nacionais nesses países como conseqüência das conquistas e das vitórias militares e políticas dos seus reis sobre os outros príncipes e poderes locais. A idéia de que à unificação política, através da conquista militar, deveria corresponder também uma unificação cultural do país parece ser uma tese ainda indefinida em Maquiavel. De fato ele observa no *Príncipe* que "na conquista de domínios em regiões totalmente diferentes quanto à língua, costumes e instituições" encontram-se muitas dificuldades, mas as adversidades elencadas não estão ligadas a questões de identidade cultural ou coletiva, e sim de comunicação. O remédio mais eficaz para Maquiavel é que "o conquistador vá residir no lugar" ou "fundar colônias". Na opinião de Maquiavel, o príncipe que deverá unificar a Itália não precisa sequer ser italiano: não é por acaso que César Bórgia — que Maquiavel apresenta como o melhor exemplo para quem queira tornar-se o príncipe e unificar a Itália — era espanhol.

Um outro ponto no qual o pensamento de Maquiavel se revela pré-moderno diz respeito à nenhuma consideração que o nosso autor reserva às questões socioeconômicas (ao contrário, por exemplo, de Giovanni Botero, autor "maquiavélico" que escreveu suas obras de teoria política alguns decênios após *O Príncipe*). Para Maquiavel, a história é somente político-militar: história de conquistas, de intrigas, de ações isoladas realizadas por indivíduos excepcionais. Por essa razão, os seus conselhos ao príncipe sobre a manutenção do poder se limitam a medidas de caráter militar ou político, como o uso de exército próprio, a fundação de colônias nos países conquistados, o aniquilamento dos adversários políticos ou o extermínio da dinastia do seu predecessor etc. Maquiavel nunca leva em consideração a possibilidade de que o novo príncipe, para manter o seu poder, realize uma revolução social ou tome medidas econômicas. No *Príncipe*, há um único ator: o indivíduo excepcional. É ele o verdadeiro sujeito da história, enquanto o povo constitui apenas uma multidão passiva, pronta para ser manipulada e instrumentalizada. Quando o povo se revolta contra o príncipe, isso acontece como que por uma reação mecânica aos erros do soberano, não em conseqüência de uma genuína vontade popular.

No *Príncipe*, contrariamente aos *Comentários*, não existem as classes sociais, nem sequer aquela burguesia urbana que constituía o nervo da própria República Florentina e da qual provinham os Médici. Só no capítulo IX Maquiavel retoma um pensamento dominante dos *Comentários*, a saber, a idéia de que em todas as cidades o povo se contrapunha aos grandes por causa dos diferentes fins desses dois grupos: "O povo não quer ser comandado nem oprimido pelos grandes, enquanto os grandes desejam comandar e oprimir o povo." Porém essa concepção, que

Maquiavel deduz da história romana (na época republicana, Roma foi perturbada freqüentemente pelas lutas entre a classe popular e os aristocráticos), não se adapta muito à realidade social das cidades e dos Estados da época de Maquiavel, e nem sequer à realidade de Florença.

"Estado" no Príncipe. A linguagem de Maquiavel é um italiano permeado de expressões toscanas. No italiano do século XV, algumas palavras-chave tinham um sentido diverso do atual. Refiro-me, particularmente, à palavra *"stato"*, "estado". É importante entender o seu sentido exato, porque isso tem conseqüências para o entendimento do pensamento de Maquiavel em geral. Ele quase nunca utiliza "estado" para indicar o Estado moderno como organização política de um povo, concentrada sobre um território, detentora do monopólio do uso da força e da criação de normas jurídicas (na Idade Média havia muitas autoridades legislativas: imperador, monarcas, nobres, cidades, a Igreja) e dotada de instituições que lhe garantam continuidade, apesar de indivíduos serem chamados a ocupar cargos institucionais. Quando Maquiavel usa a expressão "manter o estado", esta última palavra indica, dependendo dos diversos contextos, a autoridade, o domínio sobre um território, o poder político ou econômico, a riqueza em bens materiais e em indivíduos, submetidos à própria autoridade. A partir desse ponto de vista, a palavra "estado" remete freqüentemente à "condição, maneira de estar". Outras vezes, Maquiavel a utiliza no sentido de "território", ou seja, num sentido mais próximo ao moderno, que identifica "estado" com "país".

Mas, quando quer indicar o Estado como entidade jurídica e institucional, Maquiavel utiliza os termos "república", "principado" ou "cidade".

Os destinatários dos escritos de Maquiavel são principalmente aqueles indivíduos que detêm (ou querem deter) o poder: príncipes e membros de governos republicanos — efetivos ou aspirantes. São eles que devem conquistar ou manter "o estado", ou seja, o domínio sobre um território. Os meios para alcançar esse fim são naturalmente diversos nos casos de principados e ou de repúblicas. Para estas últimas, Maquiavel escreve os *Comentários*; para os primeiros, *O Príncipe*. Em ambos os casos, os únicos sujeitos da política são os detentores do poder, não os Estados, no sentido moderno, nem, como já se disse acima, o povo. Maquiavel possui uma concepção pessoal de poder: o político se identifica com a capacidade do príncipe (i.e., de um indivíduo) ou do governo (i.e., de um grupo de indivíduos) de conquistar e manter "o estado". Soldados, fortalezas, cidades ricas, todos são simples instrumentos do poder do soberano.

O Príncipe passo a passo

Nos capítulos I a IX, Maquiavel passa em revista os vários tipos de estado, em particular aos vários tipos de principado. Ele trata também das dificuldades conexas à conquista de territórios novos e, portanto, ocupa-se brevemente da questão sobre se é melhor contar com a ajuda de outros ou somente com as próprias forças. O tema dos primeiros nove capítulos é, portanto, a aquisição de um principado num território estrangeiro (capítulos III até VII) ou na própria pátria (capítulos VIII e IX).

Os capítulos X e XI tratam da defesa contra inimigos externos, sendo que este último considera, porém, esta questão de um ponto de vista não muito usual, porque enfrenta o problema se os principados eclesiásticos, que são baseados sobre a religião, precisam de armas para se defender. Dessa maneira, Maquiavel consegue também concluir a investigação acerca dos diversos tipos de principados.

Os capítulos XII até XIV avaliam se é melhor para o príncipe recorrer às milícias mercenárias ou formar uma milícia cívica, e do XV ao XXV Maquiavel trata da figura do príncipe e das regras de conduta que ele deveria seguir. O capítulo XXVI, como já mencionado, consiste numa exortação no sentido de libertar a Itália do domínio das potências estrangeiras, como França, Espanha e Império Alemão.

Os diversos tipos de principado. O Príncipe inicia com uma série bastante árida de distinções teóricas entre os diversos tipos de Estados ou domínios "que tiveram e têm poder sobre os homens". Na realidade, para Maquiavel, essa categorização serve para chegar imediatamente ao objeto do seu interesse — deixando de lado todos aqueles tipos de governo que ele não considera eficazes para alcançar o fim prático (a saber, a unificação da Itália), que ele deveria ter analisado se *O Príncipe* fosse o que não é: uma obra sistemática de filosofia política na tradição clássica (como por exemplo as obras políticas de Platão e Aristóteles, nas quais eles analisam todas as diferentes formas de governo).

Uma primeira distinção é aquela entre repúblicas e principados. Maquiavel anuncia que não tratará das repúblicas "porque, em outra ocasião, discorri longamente sobre o assunto". A alusão é aos *Comentários* ou, conforme a opinião de alguns intérpretes, a uma outra obra, agora perdida. Portanto, *O Príncipe* trata somente dos principados.

Conforme a categorização de Maquiavel, estes podem ser hereditários ou novos. Os hereditários, por si só, não são interessantes por duas razões. Em primeiro lugar, neles "são bem menores as dificuldades para se governar do que nos [principados] novos, pois basta não descuidar da ordem instituída pelos seus antepassados"; portanto, nos principados hereditários, qualquer "príncipe de capacidade mediana" pode manter-se na sua posição, enquanto "é no principado novo que estão as dificuldades".

A outra razão, não indicada explicitamente, é o já mencionado fim político com o qual Maquiavel se decide a escrever *O Príncipe*: a unificação da Itália só pode acontecer através da criação de um Estado novo. Este pode ser, conforme a classificação de Maquiavel, ou inteiramente novo ou um membro anexo ao estado hereditário do príncipe que o adquire. É isso que interessava a Maquiavel, pois era possível que a Itália fosse unificada a partir de um Estado já existente (por exemplo, se a república de Florença ou o ducado de Milão conquistassem todos os outros estados italianos) ou criando uma formação estatal nova (como na tentativa de César Bórgia). Em ambos os casos, o príncipe deveria enfrentar dificuldades, que variariam conforme os tipos de Estados conquistados e a maneira de conquistá-los. Com respeito ao primeiro ponto, Maquiavel escreve que "os domínios assim formados estão habituados ou a viver sob um príncipe ou a ser livres": ou são, por sua vez, principados, ou são repúblicas; estas últimas são as mais difíceis de conquistar, como veremos. Com respeito ao segundo ponto, esses domínios "se adquirem ou com armas de outrem, ou com as próprias, graças à fortuna ou à *virtù*". Adiante veremos o que significam esses dois conceitos.

Não contente de ter reduzido o seu objeto aos principados novos, Maquiavel menciona dois outros tipos de Estado, a fim de mostrar a fraqueza deles e eliminá-los da sua análise: as tiranias e os principados eclesiásticos (abordados nos capítulos VIII e XI, respectivamente). No caso das tiranias, ele justifica parcialmente a crueldade do tirano, mais precisamente quando ela é bem empregada, a saber, as crueldades "que se fazem de uma só vez pela necessidade de se garantir e depois não se insiste mais em fazer, mas rendem o máximo possível de utilidade para os súditos". Estas palavras mostram que Maquiavel não foi, de maneira nenhuma, fautor de regimes tirânicos, mas, ao contrário, considerava a utilidade dos súditos como o critério final para julgar as obras dos príncipes. Além disso, ele está longe de pensar que o príncipe deva sempre ser cruel e desumano. Ao contrário, a crueldade traz consigo muitos riscos enquanto causa medo e ódio nos súditos — e "os homens ferem ou por medo ou por ódio", como afirma Maquiavel no capítulo VII.

Por essa razão, o conquistador deve fazer "todas as ofensas que precisa fazer" de uma só vez, a fim de que, "tomando-se menos o seu gosto, ofendam menos". Como exemplo desse tipo de conquistador, Maquiavel cita Agátocles, tirano de Siracusa, que "teve sempre uma conduta criminosa durante toda a vida". Contudo, ele e outros semelhantes souberam viver seguros, "sem que jamais seus súditos tivessem conspirado contra eles", e se defender dos inimigos externos. Os tiranos italianos da sua época, todavia, como Liverotto de Fermo, cujo exemplo Maquiavel contrapõe ao de Agátocles, "empregando a crueldade, não conseguiram manter seus Estados, nem nos tempos de paz, nem nos incertos tempos de guerra".

Com respeito aos estados eclesiásticos, Maquiavel os considera os únicos "seguros e felizes", pois a sua natureza é tal que se torna inútil qualquer ataque ou guerra. Evidentemente, Maquiavel pensa aqui no domínio espiritual do papa ou de outros chefes religiosos. Mas, no seu tempo, a Igreja tinha alcançado também um grande poder temporal. Por isso, nos capítulos XI e XII Maquiavel acusa explicitamente a Igreja de ser uma das causas principais da ruína da Itália então, porque, para expandir o seu território e controlar os seus adversários, os papas não hesitaram em chamar à Itália soberanos estrangeiros que, uma vez lá, não saíram mais, como foi o caso do rei da França. Além disso, os papas sempre tentaram reduzir o poder dos outros Estados, como Florença ou Veneza, impedindo assim que um deles conseguisse conquistar e unificar o país. Na realidade, todavia, o papa não foi o único a apelar a príncipes estrangeiros: os próprios florentinos tentaram muitas vezes levar os franceses a marchar contra Veneza, e isso aconteceu desde a época do domínio de Cosimo o Velho até as tentativas nesse sentido feitas pelo próprio Maquiavel.

Como se pode ver, o interesse principal de Maquiavel não é a questão que dominará as obras dos principais filósofos políticos modernos, especialmente a partir de Hobbes, a saber, a questão do surgimento da sociedade civil e do Estado. Não interessa a Maquiavel quando teve início o poder estatal, mas sim o problema da aquisição do poder em geral e do poder num principado novo em particular. E a atenção para este último problema surge do interesse de Maquiavel pela questão da unificação italiana. Não é por acaso que nos primeiros capítulos do *Príncipe*, como observa justamente Althusser, Maquiavel exclui de sua análise os tipos de Estado correspondentes, precisamente, aos Estados italianos de sua época: repúblicas (Veneza), principados eclesiásticos (o Estado da Igreja), tiranias (a maioria dos Estados pequenos) e principados hereditários (todos os outros a partir do ducado de Milão sob a família Sforza ou de Florença sob os Médici, até chegar ao Reino de Nápoles sob a família de Aragona). O príncipe que unificasse a Itália deveria iniciar o seu feito partindo do zero, ou seja, criando um novo estado através das suas conquistas.

A conquista de novos domínios. Criar novos domínios apresenta dificuldades que mudam de acordo com o tipo de províncias que devem ser conquistadas. Maquiavel inicia a análise dessas dificuldades no capítulo III (ver texto 1). Nele,

Maquiavel recorre a exemplos tirados da Antigüidade (particularmente a romana) e contemporâneos (a política do rei da França Luís XII) para indicar quais são as melhores linhas de ação para quem intenta conquistar novas províncias. Se o território conquistado é da mesma língua e tem os mesmos costumes, o príncipe deverá simplesmente "extinguir a dinastia daquele que os dominava", porque o povo daquela região se acostumará prontamente ao novo senhor. Porém, no caso de se tratar de uma província diferente "por língua, costumes e leis", as dificuldades são muito maiores, como mostra o exemplo de Luís XII, que conquistou o ducado de Milão duas vezes e por duas vezes o perdeu.

Os remédios aconselhados por Maquiavel são dois. O primeiro é que o conquistador resida no lugar. Dessa maneira, ele sempre poderá controlar a situação, prever desordens, manter contato direto com os súditos sem deixá-los à mercê dos seus funcionários — que poderiam espoliá-los, já que, na opinião de Maquiavel, os funcionários constituem para o príncipe um risco não menor do que os inimigos estrangeiros, porque, através da sua prepotência, eles podem provocar o ódio do povo. O segundo remédio consiste na fundação de colônias nas regiões conquistadas, conforme o exemplo dos romanos antigos. Em ambos os casos, o príncipe forasteiro deverá se aproveitar do descontentamento daqueles habitantes da província que são menos poderosos e, portanto, invejam "os que são mais poderosos deles". O príncipe forasteiro não terá "dificuldade alguma em atrai-los, pois logo todos juntos se unirão ao Estado conquistador. É preciso somente atentar para que não alcancem excessiva força e autoridade ... . Quem não governa bem quanto a esse aspecto rapidamente perderá aquilo que tiver conquistado."

No capítulo IV, Maquiavel inspira-se no exemplo clássico de Alexandre o Grande, cujo império não se desfez com sua morte, como se poderia esperar. A razão, segundo Maquiavel, está no fato de que o império persa e os outros reinos asiáticos conquistados por Alexandre eram governados "por um príncipe de quem eram servidores todos os outros, que, na qualidade de ministros por sua graça ou concessão, o ajudavam a governar aquele reino". Como exemplo contemporâneo, Maquiavel menciona a monarquia turca. Quem quisesse conquistar esse tipo de principado, encontraria grande dificuldade, pois todos os funcionários são muito ligados ao monarca e "dificilmente podem ser corrompidos e, ainda que o fossem, pouco se poderia esperar de útil da parte deles, pois não atrairiam o povo". Mas, uma vez conquistado o reino e aniquilada a velha dinastia, será muito fácil mantê-lo exatamente porque o povo, não sendo afeiçoado aos seus chefes, não os ajudará nas suas eventuais tentativas de revolta.

De outro lado, há principados que são governados por um príncipe e por barões "que detêm suas posições não pela graça do senhor, mas pela antiguidade do sangue". Esses barões possuem "súditos próprios que os reconhecem como senhores e nutrem por eles natural afeição". Um exemplo é a França, onde à senhoria do rei se junta aquela de uma antiga nobreza de sangue. Quem quisesse conquistar aquele reino poderia adquirir facilmente a aliança de algum barão, "pois sempre se encontram descontentes e pessoas com desejo de inovar". Mas, ainda que o príncipe forasteiro não encontre dificuldade em conquistar o reino, ele deve também contar com a resistência dos outros barões e dos súditos a ele afeiçoados, e encontrará, portanto, grande dificuldade em manter a sua conquista.

Nesse capítulo IV se vê, então, como Maquiavel acreditava na existência de um paralelismo entre a Antigüidade e a sua época, e como tinha a convicção de que, em qualquer momento da história, sempre funcionam os mesmos mecanismos e valem as mesmas regras para a ação. Vê-se também como, para Maquiavel, o povo constitui-se somente numa massa passiva privada de vontade própria, um instrumento nas mãos de quem sabe utilizá-lo — nesse caso, o príncipe estrangeiro ou os barões locais.

No capítulo seguinte Maquiavel investiga se é mais fácil conquistar repúblicas ou principados, respondendo que é muito difícil conservar uma cidade habituada a viver em liberdade. Ele elenca três maneiras para alcançar este último fim: destruir a cidade; ir pessoalmente residir nela; ou deixá-la viver sob suas próprias leis, limitando-se a impor um tributo e a criar nela uma oligarquia de aliados, como fizeram, por exemplo, os espartanos com Atenas. Aqui, Maquiavel expõe uma daquelas teses radicais que incentivaram a fama de pensador cínico e sem escrúpulos: "Na verdade, não existe modo seguro de possuir [as repúblicas], exceto a ruína." Para sublinhar esse pensamento, Maquiavel repete-o de várias formas e em vários momentos até o final do capítulo (ver texto 2). Quem defende a idéia de um

Maquiavel "anti-republicano" ou monárquico, no *Príncipe*, remete solidamente a esse capítulo, que, contudo, poderia ser lido também como orgulhosa afirmação da grande força interior das repúblicas e como admoestação aos príncipes para que não tentem se confrontar com elas, as repúblicas. Sem contar que o exemplo oferecido por Maquiavel nesse capítulo é a rebelião de Pisa contra Florença, ou seja, de uma república contra outra; uma rebelião que tinha sido reprimida depois de uma guerra longa e difícil para os florentinos.

Maquiavel passa então, nos capítulos VI e VIII, a tratar dos principados conquistados respectivamente "com armas próprias e com *virtù*" ou "com as armas e a fortuna de outrem" (sobre o conceito de *virtù*, ver adiante). No primeiro caso, os conquistadores ou fundadores de reinos (Maquiavel oferece unicamente exemplos antigos: Moisés, Ciro, Rômulo e Teseu) souberam aproveitar-se das circunstâncias favoráveis para agir. Ao fazerem isso, encontraram dificuldades, já que foram obrigados a introduzir uma "nova ordem" e "novos métodos" para fundar e manter o Estado. Para Maquiavel isso constitui a coisa "mais difícil de se fazer, mais duvidosa de se alcançar, ou mais perigosa de se manejar". A razão é que o introdutor de uma nova ordem "tem por inimigos todos aqueles que se beneficiam com a antiga ordem", enquanto aqueles "a quem as novas instituições beneficiariam" são aliados tímidos, em parte por medo dos adversários, em parte por causa "da incredulidade dos homens, que só crêem na verdade das coisas novas depois de comprovadas por uma firme experiência". Portanto, os inovadores devem dispor de recursos e armas suficientes para atingir seus objetivos; caso contrário, estão fadados à ruína: "Todos os profetas armados vencem, enquanto os desarmados se arruínam", como aconteceu com o supramencionado Girolamo Savonarola.

César Bórgia como príncipe ideal. No capítulo VII, ao contrário, Maquiavel nos oferece o exemplo de um homem virtuoso que encarna todas as qualidades necessárias a um príncipe novo. Este não é outro senão César Bórgia, sobre o qual Maquiavel escreve que não há "preceitos melhores para dar a um príncipe novo do que os exemplos de sua atuação". E se ao final "o seu regime não frutificou, não foi por sua culpa, mas por uma extraordinária e extrema maldade da fortuna".

Bórgia está sempre entre aqueles "que somente pela fortuna de cidadãos particulares se tornam príncipes". Eles chegam a isso "com pouco esforço, mas com muito esforço se mantêm", pois dependem ou da vontade e da fortuna "de quem lhes concedeu o poder", ou da sua própria fortuna. Esses príncipes precisam, portanto, reforçar a sua posição criando os fundamentos necessários para a estabilidade do seu poder *depois* de ter alcançado tal poder, e isso é precisamente o que Bórgia tentou fazer.

Maquiavel dedica quase todo esse longo capítulo à descrição das ações de César Bórgia, narrando como ele criou um estado independente na Itália central, desfrutando das alianças de seu pai, o papa Alexandre VI. Dessa maneira, ele conseguiu conquistar a Romagna e o ducado de Urbino, chegando a ameaçar até mesmo a República de Florença (naquela ocasião Maquiavel foi enviado como embaixador florentino para tratar pessoalmente com Bórgia, e ficou grandemente impressionado). Tendo percebido que não podia confiar em seus capitães e aliados, Bórgia resolveu matá-los, para "não depender mais das armas e da fortuna alheias". Aguardou portanto a ocasião propícia e esta, "se bem lhe chegou, melhor ele a usou". A falta de escrúpulos de César Bórgia se manifestou também numa outra circunstância. Ao conquistar a região da Romagna, encontrou-a "coberta de latrocínios, tumultos e todas as formas possíveis de insolência" e resolveu, para pacificá-la, dar-lhe um bom governo. "Colocou ali, então, *messer* Remirro de Orco, homem cruel e expedito, a quem conferiu plenos poderes. Em pouco tempo, Orco a pacificou e uniu." Porém os rigores desse funcionário "haviam gerado um certo ódio" contra Bórgia, que "quis mostrar que, se ocorrera alguma crueldade, ela não se originava dele, mas da natureza dura do ministro". Portanto, "aproveitando-se da ocasião, uma certa manhã mandou que o cortassem ao meio em praça pública, tendo ao lado um bastão de madeira e uma faca ensangüentada". Ao fazer isso, Bórgia alcançou um duplo efeito: "A ferocidade daquele espetáculo fez o povo ficar, ao mesmo tempo, satisfeito e estarrecido."

Pouco tempo depois, no entanto, o papa e seu filho caíram ambos muito doentes, Alexandre VI vindo a morrer. César Bórgia não conseguiu influenciar a eleição de um novo papa favorável a ele, e pouco depois seu reino se desfez, e ele precisou fugir para a Espanha, onde morreu combatendo como mercenário. Maquiavel, porém, absolve-o, culpando a fortuna por sua ruína: "Havia no duque tanta magnanimidade e *virtù*, tão bem sabia como ganhar e perder os homens e tão sólidos eram os fundamentos que em tão pouco tempo construíra para si que, se ele não tivesse aqueles exércitos [inimigos] em seu encalço ou se estivesse em boa saúde, teria superado todas as dificuldades. ... Recapitulando, portanto, todas as ações do duque, eu não saberia em que censurá-lo."

As considerações sobre César Bórgia e o uso descarado da crueldade, da violência e do perjuro conduziram Maquiavel a enfrentar, no capítulo VIII, o tema daqueles que "chegaram ao principado por atos criminosos". Ele discute os já mencionados exemplos de Agátocles e de Liverotto de Fermo. Maquiavel considera a posição desse tipo de príncipe difícil de manter se não sob a condição de fazer "todas as ofensas" de uma vez, para governar depois com benefícios do povo, conforme fez Agátocles.

O capítulo VIII marca uma virada na argumentação de Maquiavel. Até esse ponto, ele havia tratado principalmente da criação de principados novos através da conquista de territórios estrangeiros. Nesse caso, porém, ele se ocupa de príncipes que chegaram ao poder na sua cidade ou no seu país. Essa é a perspectiva do capítulo seguinte, no qual Maquiavel trata daquele cidadão particular que "se torna príncipe *de sua pátria* não por atos criminosos ..., mas pelo apoio de seus concidadãos". Esse tipo de principado ele denomina "principado civil". O príncipe recebe o poder ou dos grandes, quando "percebem que não podem resistir ao povo", ou do povo, quando ele teme ser oprimido pelos grandes (já vimos como Maquiavel simplifica as lutas sociais, interpretando-as como simples contraposição entre esses dois grupos). No primeiro caso o príncipe se deparará com mais dificuldades do que no segundo, pois será cercado de muitos que se consideram seus iguais e não se deixam comandar por ele. Além disso, o povo só quer não ser oprimido pelos grandes. É, portanto, mais fácil satisfazer o povo, enquanto os grandes querem dominar e este se constitui num fim potencialmente ilimitado, o qual nunca poderá ser completamente satisfeito. Se o povo se volta hostil para o príncipe, este não deve temer conseqüências imediatas, pois "o pior que um príncipe pode esperar de um povo hostil é ser abandonado por ele; mas dos grandes, quando inimigos, deve temer ... que o ataquem". Por outro lado, é mais fácil defender-se contra os grandes "porque são poucos", e não muitos como no caso do povo. Deve-se também dizer e saber que "o príncipe tem sempre de viver com o mesmo povo, mas lhe é perfeitamente possível prescindir dos mesmos grandes".

Portanto, o príncipe deverá sempre manter a amizade do povo ou, caso tenha se tornado príncipe pelo favor dos grandes, deverá trair estes últimos e conquistar o favor do povo, "o que também será fácil" por duas razões: a primeira é que ele, como vimos, só quer proteção; a segunda é esta: "Como os homens se ligam mais ao seu benfeitor se recebem o bem quando esperam o mal, nesse caso, o povo se torna mais rapidamente favorável ao príncipe do que se ele tivesse sido conduzido ao principado graças ao seu apoio." Segundo Maquiavel, "é necessário ao príncipe ter o povo como amigo; caso contrário, não terá remédio na adversidade". Contudo, ele não pode confiar demasiadamente nos cidadãos e deverá fazer tudo o que está em seu poder para que os súditos tenham necessidade dele.

As milícias. No capítulo X, Maquiavel muda completamente de perspectiva e passa a considerar a questão de como se defender das tentativas de conquista por parte de outros príncipes. Deixando de lado o caso dos príncipes que, "por abundância de homens ou de dinheiro, são capazes de formar um exército bem proporcionado e travar batalha com quem quer que os ataque", Maquiavel se concentra no caso de quem não possa enfrentar o inimigo diretamente numa campanha militar. O conselho de Maquiavel é "fortificar bem a sua cidade" e governar bem os súditos, de maneira que eles se tornem fiéis ao príncipe.

Maquiavel tratará, ainda, nos capítulos XII a XIV, do caso do príncipe que pode se permitir criar um exército e, em particular, a questão de qual deveria ser a natureza desse exército: se deve ser formado por soldados mercenários ou por uma milícia cívica. Na base das considerações de Maquiavel sobre as tropas mercenárias situa-se a já mencionada guerra dos florentinos, a fim de reconquistar a cidade de Pisa. Naquela ocasião, Maquiavel tivera a possibilidade de constatar pessoalmente a ineficiência das milícias mercenárias, às quais Florença recorreu muitas vezes antes de organizar, sob estímulo do mesmo Maquiavel, uma milícia cívica, que, ao final, conseguiu retomar a cidade rebelde (deve-se aqui apontar que Maquiavel escreveu também um livro sobre a *Arte da guerra*, no qual ele debate questões gerais e particulares sobre estratégia e tática militares).

Portanto, a conclusão por ele oferecida no capítulo XII é de que as armas mercenárias e auxiliares "são inúteis e perigosas", porque são "desunidas, ambiciosas, indisciplinadas, infiéis, valentes entre amigos e covardes entre inimigos, sem temor a Deus nem probidade para com os homens". Além disso, os capitães mercenários "ou são homens excelentes ou não o são". Se o forem, não é possível confiar neles, "porque sempre aspirarão a uma grandeza própria", quer arruinando o seu patrão, quer oprimindo os outros contra a vontade deles. Se não forem valorosos, por isso mesmo arruinarão o seu patrão. Na antropologia desiludida de Maquiavel não há lugar para confiança na palavra dada, presume-se que cada indivíduo proceda perseguindo somente o seu próprio interesse sem escrúpulo nenhum. Por outro lado, Maquiavel está convencido de que "a ruína atual da Itália não tem outra razão senão estar há muitos anos apoiada em armas mercenárias" — o que é verdade, mas constitui só uma parte da verdadeira causa da ruína política da Itália na época de Maquiavel.

Em todo caso, Maquiavel pensa que o príncipe deveria preferir "até perder com suas tropas a vencer com tropas alheias" e chega a formular uma máxima que parece estar em contradição com tudo o que ele escreve em outras passagens a respeito da importância de o príncipe se ocupar em governar bem sobre os seus súditos: "Deve, portanto, um príncipe não ter outro objetivo, nem pensamento, nem tomar como arte sua coisa alguma que não seja a guerra, sua ordem e disciplina, porque esta é a única arte que compete a quem comanda." Na realidade, o conhecimento desta "arte" constitui um requisito indispensável no mundo de Maquiavel, no qual a política se reduz fundamentalmente à luta para conquistar o poder através da astúcia ou da força e mantê-lo através das armas.

As virtudes do príncipe: moral e política. A partir do capítulo XIV, e mais especialmente do XV, Maquiavel muda o objeto de sua análise: se nos capítulos precedentes havia falado a respeito dos principados e das maneiras para conquistá-los e mantê-los, começa a ocupar-se, agora, da figura do príncipe. Gostaria de mencionar outra vez o fato de que, enquanto o título original latino, que o próprio Maquiavel deu ao livro, é *De principatibus*, ou seja, *Dos principados*, os editores da primeira edição impressa, por sua vez, o batizaram como *O Príncipe*. Isto demonstra que já os seus primeiros leitores se deram conta de que as teses, verdadeiramente revolucionárias, encontram-se nessa última parte, que não por acaso é a mais conhecida e citada.

Com respeito à figura do príncipe apresentada por Maquiavel nesses capítulos, deve-se sublinhar quatro conceitos fundamentais, a fim de se entender a posição do nosso autor: *virtù*, ocasião, fortuna e necessidade (analisaremos as últimas duas na próxima seção). A *virtù* na qual fala Maquiavel não é a virtude no sentido tradicional clássico ou cristão, isto é, entendida como excelência moral, como qualidade de caráter moralmente positiva. Maquiavel se inspira muito mais no conceito latino de *virtus*, ou seja, como qualidade que contradistingue o *vir*, o homem varonil, conforme a definição de *vir virtutis* (homem virtuoso) oferecida por Cícero. Isso não significa que a *virtù* se deixa identificar simplesmente com a coragem ou a bravura.

Conforme a interpretação de Maquiavel desse conceito clássico, a *virtù* é uma excelência de caráter que aponta para a consecução de determinados fins políticos e que está baseada em capacidades práticas, das quais parte é congênita, e portanto não suscetível de ser modificada, e parte é aprendida, e por isso passível de ser aperfeiçoada. A *virtù* não possui nenhuma qualidade moral. Consiste muito mais numa mescla de qualidades diversas e, em parte, opostas, cujo valor só pode ser julgado a respeito de sua aplicabilidade na práxis política: coragem, valentia militar, magnanimidade, resistência, prudência e sobretudo a capacidade de reagir da maneira melhor em cada situação. Assim, Maquiavel pode dizer que Agátocles, o tirano de Siracusa, embora tenha sido cruel e sanguinário, foi um homem virtuoso: ele sempre foi capaz de aproveitar-se das ocasiões que se lhe apresentavam para expandir ou reforçar o seu poder. O homem virtuoso sabe adaptar-se às diferentes ocasiões. Ele não possui o caráter sólido e inflexível do homem do ideal estóico, que prefere se quebrar a se dobrar às circunstâncias. O homem virtuoso é flexível e possui elementos do caráter do leão e da raposa: sabe ser cruel ou astuto conforme as circunstâncias (ver texto 5).

No que diz respeito às tradicionais virtudes aristotélicas ou cristãs, o príncipe não precisa possuí-las verdadeiramente. Deve, antes, causar a impressão de possuí-las (assim como no caso de todas as outras qualidades). Essa posição levou ao mito de um Maquiavel amoralista. Na realidade, Maquiavel, ao libertar o homem virtuoso dos deveres morais que as tradições clássica e cristã impõem aos indivíduos, não recusa essas tradições, nem defende uma posição de amoralismo absoluto. Ele pretende somente separar decisivamente os âmbitos da moral e da política. Em relação ao primeiro, Maquiavel se revela freqüentemente um moralista rígido, ligado às concepções tradicionais de virtude e de moralidade individual. Se lermos, então, sua antropologia como catálogo de qualidades negativas e não simplesmente como enumeração moralmente neutra das características humanas, e se considerarmos suas obras literárias, viria ao nosso encontro a figura de um Maquiavel que condena os vícios tradicionais e prega o temor a Deus (como na sua *Exortação à penitência*, um sermão escrito para um domingo de Quaresma). Nos seus poemas *Sobre a ambição* e *Sobre a ingratidão*, ou no poemeto *O asno*, Maquiavel recupera *topoi* da literatura moralista sobre a natureza humana, seguindo parcialmente o modelo da sátira clássica, sobretudo no *Asno*.

Sobre a política, os critérios para julgar ações e comportamentos nesse âmbito não podem ser os mesmos do âmbito moral. O único critério aceito por Maquiavel é o êxito. Um príncipe pode ser louvado ou vituperado pelas suas qualidades, mas o sucesso em conseguir os seus fins políticos lhe produzirá sempre louvor, sendo-lhe, por conseguinte, mais importante do que qualquer excelência moral. Logo, se o príncipe, para alcançar tais fins, precisa fazer uso da crueldade ou da avareza, então, tanto pior para a moralidade tradicional! Dessa maneira também as qualidades morais tornam-se simples instrumentos na luta pelo poder e o sucesso político.

Isso não significa que Maquiavel não possa distinguir ações boas de ações más em seu sentido tradicional. A condenação de Agátocles por sua crueldade, por exemplo, é unívoca. Mas na política não há lugar para julgamentos morais deste tipo. Cada qualidade humana que a tradição considerava uma virtude (humanidade, generosidade etc.) ou como um vício (crueldade, avareza etc.) deve ser julgado exclusivamente com respeito aos seus efeitos na práxis política. Se uma certa qualidade humana serve para a obtenção do fim estabelecido, então ela é boa — em sentido não-moral —; senão é nociva — mas não "má" em sentido moral. Por essa razão, no capítulo XVI, Maquiavel contradiz uma opinião comum a todos os tradicionais manuais para príncipes e afirma que é melhor para o príncipe ser miserável (ou "incorrer na fama de miserável", como ele escreve, e conforme sua idéia de que as aparências contêm mais do que a realidade) do que ser liberal, pois ser miserável "é um dos vícios que lhe permitem governar". Pela mesma razão, Maquiavel afirma no capítulo seguinte que é melhor ter a fama de cruel, pois "é muito mais seguro ser temido do que amado". Os juízes mais duros e desiludidos sobre a natureza humana aparecem nesse capítulo (ver texto 4).

Maquiavel passa então a comparar, no capítulo XVIII, o príncipe a um centauro, que compartilha a natureza humana e a animal. Assim, o príncipe deve saber usar qualidades próprias de dois animais: por um lado, a ferocidade e a força do leão; por outro, a astúcia da raposa, a capacidade de simular e dissimular e a habilidade de enganar os outros. Como justificativa Maquiavel aponta o fato de que esse preceito não seria bom se os homens fossem todos bons; porém, sendo eles maus e não cumprindo sua própria palavra, o príncipe não precisa respeitar as promessas feitas aos homens.

Nos capítulos sucessivos Maquiavel insiste na reformulação da imagem tradicional do príncipe, aconselhando-o a não fugir do ódio em geral, mas somente do ódio do povo, pois sem ter o povo ao seu lado sempre se encontrará em grandes dificuldades: "A melhor fortaleza que existe é não ser odiado pelo povo", e sendo assim o príncipe não deve deixar de entretê-lo "com festas e espetáculos". O príncipe não deve, além disso, ter receio de tomar posição a favor de um poderoso e contra outro: "Esse partido é sempre melhor do que se manter neutro", porque, se dois dos seus vizinhos entrarem em guerra, o vencedor poderia considerar a sua neutralidade como sinal de hostilidade e tornar-se inimigo; portanto, "será sempre mais útil declarar-se e fazer jogo limpo". Uma prudência excessiva leva à ruína, porque assim quer a fortuna.

Por fim, no capítulo XXIII, Maquiavel admoesta o príncipe para que não confie nos aduladores e naqueles que oferecem conselhos não pedidos. Um príncipe prudente é o melhor conselheiro de si mesmo e não precisa de outros (ao afirmar isso, Maquiavel pode parece pôr em questão o seu papel de conselheiro não-procurado; mas ele pensa evidentemente nos conselhos sobre questões particulares, não sobre as questões gerais, que são objeto do seu livro).

As virtudes mencionadas no *Príncipe* são consideradas nessa obra apenas em seu caráter político: o príncipe deve tê-las, ou parecer tê-las, para alcançar o sucesso político, e não para tornar-se um indivíduo moralmente melhor (também neste ponto Maquiavel se afasta decisivamente dos autores de tratados e manuais para príncipes). Nesse sentido, o jogo entre *virtù* e ocasião fica extremamente complexo, já que o homem virtuoso deve adaptar-se à ocasião particular, embora isto pareça não ser uma garantia suficiente para o êxito de sua ação devido ao papel da fortuna. Maquiavel escreve a respeito de Ciro, Rômulo e demais conquistadores ou fundadores de reinos: "Examinando suas ações e suas vidas, veremos que não receberam da fortuna mais do que a ocasião, que lhes deu a matéria para introduzirem a forma que lhes aprouvesse. E, sem ocasião, a *virtù* de seu ânimo se teria perdido, assim como, sem a *virtù*, a ocasião teria seguido em vão."

Uma conseqüência ulterior é a dificuldade de comparar os homens virtuosos entre si não somente porque eles possuem qualidades diferentes e em medida diferente, mas também porque devem demonstrar a sua *virtù* em circunstâncias diversas (ver texto 3). O julgamento de Maquiavel sobre Mânlio Torquato e Valério Corvino nos *Comentários* constitui um ótimo exemplo. Esses dois cônsules romanos possuíam características muito diversas, mas por terem precisado agir em circunstâncias tão diferentes, ambos tiveram êxito nas suas ações. O sucesso de Mânlio deu-se graças à sua dureza e ao seu rigor, enquanto Valério triunfou graças à sua humanidade.

O papel da fortuna nas coisas humanas. O conceito de ocasião introduz um elemento de temporalidade no ideal do homem político de Maquiavel: embora possa ter muitas qualidades pessoais, ele deve ser capaz de reagir de maneira justa nas situações difíceis; caso contrário, toda a sua virtude resultará inútil.

Muitas vezes os homens não podem agir livremente, pois são coagidos pela necessidade. Para Maquiavel, há dois tipos de necessidade: o primeiro é a necessidade imposta aos homens por outros homens, como no caso da coação exercida pelo soberano sobre os seus súditos. É nesse tipo de necessidade que Maquiavel pensa ao dizer que os homens são bons somente se necessitados de o ser. O segundo tipo de necessidade é imposta aos homens (a todos eles) pela fortuna. Nessa concepção, Maquiavel revela o seu ataque à tradição clássica e à sua idéia de Fortuna como deusa da fatalidade e dos golpes da sorte. Na Idade Média, sobretudo a partir de Agostinho, essa idéia foi substituída por aquela da providência divina, mas a imagem da Fortuna com a sua roda (com a qual giram as sortes humanas) ficou presente na imaginação popular e também em numerosos tratados de moral. No Renascimento, a fortuna voltou a ser considerada o motor das vicissitudes humanas, porém sem o fatalismo que permeava a concepção clássica. Segundo os humanistas, como por exemplo Leon Battista Alberti, a fortuna pode ser vencida pela razão e pela virtude dos homens. Maquiavel se coloca entre os dois extremos, o fatalismo clássico e o otimismo humanista. Fortuna pode ser vencida, mas isso é muito difícil, porque pressupõe a capacidade de mudar a própria natureza para adaptar-se às novas circunstâncias criadas pela sorte, e poucos são os indivíduos capazes disso, particularmente quando eles tiveram êxitos, porque não poderão admitir a necessidade de mudar sua trilha (ver texto 6).

A fortuna em Maquiavel é menos uma força obscura e cega do que uma entidade pessoal, dotada de vontade e de fins próprios, como demonstra a passagem seguinte, no qual lhe são atribuídos propósitos e ações: "A fortuna — sobretudo quando *quer* enaltecer um príncipe novo, que tem maior necessidade de elevar sua reputação do que um príncipe hereditário — *cria*-lhe inimigos e movimentos de oposição para que ele tenha oportunidade de superá-los e possa, por meio da escada colocada por seus inimigos, subir mais alto."

Logo, é muito difícil eliminá-la. Nem por isso Maquiavel cai no pessimismo. Se a fortuna é uma pessoa dotada de vontade, ela é também "mulher" e pode ser dominada e batida particularmente pelos impetuosos e pelos jovens, "porque são menos tímidos, mais ferozes e a dominam com maior audácia" (ver, novamente, texto 6). A parte teórica do livro (o último capítulo é a exortação para libertar a Itália) é concluída, portanto, com um derradeiro convite ao príncipe para ser audaz e feroz, a fim de alcançar êxito.

Recepção do *Príncipe*

A influência de Maquiavel e do *Príncipe*, em particular na história do pensamento político, precisaria, sem sombras de dúvida, ser tratado num livro à parte. Contudo, é importante destacar aqui duas linhas principais de interpretação: uma que considera Maquiavel uma espécie de demônio e o seu livro, uma obra diabólica (no sentido religioso mesmo ou somente metafórico); outra que o considera um gênio incomparável e inovador, pioneiro no reconhecimento das verdadeiras leis da política.

O primeiro "antiMaquiavel" foi o cardeal inglês Reginald Pole, que definiu *O Príncipe* como "obra de Satã", iniciando uma leitura condenatória do livro, o qual acabou sendo proibido pela Igreja Católica (em 1615, na cidade alemã de Ingolstadt, uma boneca representando Maquiavel foi até queimada numa fogueira). Em 1576, Innozenz Gentillet publicou (anonimamente) um livro sobre o bom governo com o subtítulo "Contra Nicolau Maquiavel Florentino", acusando nosso autor de ateísmo, de imoralidade e de ter fornecido a base intelectual para as guerras religiosas que ensangüentavam a França (o rei da Prússia Federico II — por muitos aspectos, um príncipe maquiavélico — publicou em 1740 o seu célebre *AntiMaquiavel*, que retomava argumentos de Gentillet). Nos dramas ingleses de Marlowe ou Shakespeare o nome de Maquiavel é sinônimo de abjeção, hipocrisia, crueldade e desejo ilimitado de poder, e a sua figura chegou a ser considerada a personificação do diabo (o já mencionado *Old Nick*).

No âmbito da segunda linha de interpretação, são possíveis dois juízos diferentes: exaltar Maquiavel como o mestre da assim chamada "razão de Estado" e como o teórico do realismo na política (assim o viram o inglês Francis Bacon, um dos pais da ciência moderna, o filósofo italiano Benedetto Croce e o historiador alemão Friedrich Meinecke, por exemplo); ou considerá-lo o campeão do pensamento republicano que visou desvelar os perversos mecanismos do absolutismo monárquico, dando a entender que o seu fim seria oferecer conselhos aos príncipes (esta última foi notoriamente a leitura de Rousseau). Em todos os casos, as opiniões sobre *O Príncipe* divergiram.

No século XIX, o aspecto do pensamento de Maquiavel que recebeu mais atenção, particularmente na Itália e na Alemanha (países que, devido à sua fragmentação política, assemelhavam-se, naquele época, à Itália do Renascimento), foi o seu "patriotismo" e a sua idéia de unificação nacional. A partir dessa época, e particularmente por mérito do historicismo alemão, tem início uma recepção mais objetiva tanto da figura como do pensamento de Maquiavel, que são postos e estudados no seu contexto histórico, permitindo assim uma leitura menos ideológica e mais atenta à dimensão histórica. E é nessa perspectiva que os estudiosos contemporâneos observam e estudam ambos, Maquiavel e

O Príncipe. Nesse contexto, particularmente, é importante o renovado interesse pela outra grande obra política de Maquiavel, os *Comentários*, interesse este que permitiu falar novamente de um Maquiavel republicano, sem porém considerar, como fez Rousseau, *O Príncipe* como resultado de uma astuta simulação.

Como uma última curiosidade, em 1864 apareceu anônimo, em Bruxelas, um livro com o título *Diálogo no inferno entre Maquiavel e Montesquieu*. O autor era o publicista Maurice Joly, que utilizava-se das orientações do secretário florentino sobre como deveria portar-se quem quisesse obter um poder absoluto sem utilizar a força, mas sim com instrumentos como o controle da opinião pública ou da economia. Por ser considerado uma crítica à política de Napoleão III, o livro foi destruído pela polícia, mas uma cópia foi descoberta na Biblioteca Nacional de Paris por um espião russo de nome Golowinsky. Ele a utilizou para criar, em 1905, por ordem da Ochrana, a polícia secreta do czar, um dos documentos falsos mais célebres da história: os assim chamados *Protocolos dos sábios de Sion*, nos quais as teorias atribuídas satiricamente por Joly a Maquiavel são transferidas para um congresso mundial de hebreus, reunidos secretamente para planejar a conquista do mundo. Embora a farsa houvesse sido desvelada já em 1921, este texto-base da propaganda anti-semita segue sendo publicado em muitas línguas, demonstrando que Maquiavel tinha razão em afirmar que "o enganador encontrará sempre quem se deixe enganar".

Seleção de textos

1. As dificuldades em conquistar territórios novos

Mas é no principado novo que estão as dificuldades. Em primeiro lugar, se não é completamente novo, mas membro anexo a outro (podendo-se chamar o conjunto de principado misto), as alterações nascem principalmente de uma dificuldade natural a todos os principados novos, que consiste no fato de os homens gostarem de mudar de senhor, acreditando com isso melhorar. Esta crença os faz tomar armas contra o senhor atual. Só mais tarde percebem o engano, pela própria experiência de ter piorado. Isto decorre de uma outra necessidade natural e ordinária, a qual sempre impõe ofender aqueles a quem se passa a governar, tanto com homens em armas quanto com outras infinitas injúrias que cada nova conquista acarreta. Assim, tens como inimigos todos os que ofendeste ao ocupar aquele principado, além de não poderes continuar amigo dos que te apoiaram, devido à impossibilidade tanto de atendê-los conforme esperavam como de usar contra eles um remédio forte, uma vez que lhes deves obrigações. Pois, por mais que alguém disponha de exércitos fortes, sempre precisará do apoio dos habitantes para penetrar numa província. ...

É bem verdade que, adquiridos pela segunda vez, os países rebelados se perdem com mais dificuldade, pois, diante de uma rebelião, o senhor agirá com menos timidez para determinar a punição dos traidores, identificar os suspeitos e reforçar seus pontos mais fracos. ...

Afirmo, portanto, que os estados que, depois de conquistados, são anexados a um antigo estado de quem o conquistou, ou são da mesma província e língua deste ou não o são. Se forem, será fácil conservá-los, principalmente se não estiverem habituados a viver livres. Para possuí-los com segurança basta extinguir a dinastia do príncipe que os dominava, porque, quanto às demais coisas, mantendo-se suas antigas condições e não havendo disparidade de costumes, podem os homens viver tranqüilamente ...

Mas é na conquista de domínios em regiões totalmente diferentes quanto à língua, costumes e instituições que se encontram as dificuldades, sendo necessário ser muito afortunado e ter muita habilidade para conservá-los. Um dos maiores e eficazes recursos para este fim é que o conquistador vá residir no lugar. ... Estando presente, vê nascerem as desordens, e logo pode contorná-las, enquanto, estando ausente, delas só tem notícias quando já estão grandes e irremediáveis. Além disso, a província não será espoliada pelos funcionários, podendo os súditos recorrer de perto ao príncipe, tendo por isso mais razões, se forem bons, para amá-lo ou, do contrário, para temê-lo. Também os estrangeiros que pretenderem invadir aquele estado serão mais prudentes, porque, ali habitando, só com imensa dificuldade o príncipe poderá perdê-lo.

O segundo melhor meio é fundar colônias em um ou dois lugares que atuem como entraves àquele estado. ... Concluo, enfim, que essas colônias nada custam, são mais fiéis e menos ofensivas; e os espoliados não podem fazer nada, visto que estão pobres e dispersos ... . Daí se há de observar que os homens devem ou ser minimizados ou aniquilados, porque, se é verdade que podem vingar-se das ofensas leves, das grandes não o podem; por isso, a ofensa que se fizer a um homem deverá ser de tal ordem que não se tema a vingança. ...

É de fato muito natural e comum o desejo de conquistar. Quando, podendo, os homens o realizam, merecem ser louvados e não criticados; mas, quando não podem e querem realizá-lo de qualquer modo, neste caso estão errados e devem ser recriminados.

Capítulo III, "Dos principados mistos"

2. O amor da liberdade nas repúblicas

Quem se torna senhor de uma cidade habituada a viver livre e não a destrói, será destruído por ela, porque sempre invocará, na rebelião, o nome da sua liberdade e da sua antiga ordem, as quais nem o passar do tempo nem os benefícios jamais farão esquecer. Não importa o que se fizer ou as precauções que se tomarem, se não se dispersarem os habitantes, eles não esquecerão aquele nome e aquela ordem; ao menor incidente se recordarão, como aconteceu em Pisa após cem anos de submissão aos florentinos. Mas, quando as cidades ou as províncias estão habituadas a viver sob o governo de um príncipe e seu sangue desaparece, estando de um lado acostumados a obedecer e, de outro, não tendo mais esse antigo príncipe, não chegam a um acordo para eleger outro e não sabem viver em liberdade: por isso são mais lentos em tomar armas e com mais facilidade poderá um príncipe conquistá-las e conservá-las em seu poder. Mas nas repúblicas há mais vida, mais ódio, mais desejo de vingança. Ali, a recordação da antiga liberdade não as deixa, não as pode deixar em paz e, por isso, o meio seguro para possuí-las é ou destruí-las ou ir habitá-las.

> Capítulo V, "De que modo se devem governar
> as cidades ou principados que, antes de serem
> ocupados, viviam sob suas próprias leis"

3. Vícios e virtudes no príncipe

Resta agora ver como deve comportar-se um príncipe para com seus súditos ou seus amigos. Como sei que muitos já escreveram sobre este assunto, temo que, escrevendo eu também, seja considerado presunçoso, sobretudo porque, ao discutir esta matéria, me afastarei das linhas traçadas pelos outros. Porém, sendo meu intento escrever algo útil para quem me ler, parece-me mais conveniente procurar a verdade efetiva da coisa do que uma imaginação sobre ela. Muitos imaginaram repúblicas e principados que jamais foram vistos e que nem se soube se existiram na verdade, porque há tamanha distância entre como se vive e como se deveria viver, que aquele que trocar o que se faz por aquilo que se deveria fazer aprende antes sua ruína do que sua preservação; pois um homem que queira fazer em todas as coisas profissão de bondade deve arruinar-se entre tantos que não são bons. Daí ser necessário a um príncipe, se quiser manter-se, aprender a poder não ser bom e a se valer ou não disto segundo a necessidade.

Deixando, pois, de lado as coisas imaginadas acerca de um príncipe e discorrendo sobre as verdadeiras, afirmo que quando se fala dos homens, e principalmente dos príncipes, por estarem em posição mais elevada, eles se fazem notar por certas qualidades que lhes trazem reprovação ou louvor. Assim, um é considerado liberal e outro miserável ...; um é considerado pródigo e outro ganancioso; um cruel e outro piedoso; um falso e outro fiel; um efeminado e pusilânime e outro feroz e corajoso; um modesto e outro soberbo; um lascivo e outro casto; um íntegro e outro astuto; um duro e outro maleável; um ponderado e outro leviano; um religioso e outro incrédulo, e assim por diante. Sei que vão dizer que seria muito louvável que um príncipe, dentre todas as qualidades acima, possuísse as consideradas boas. Não sendo isto, porém, inteiramente possível, devido às próprias condições humanas que não o permitem, necessita ser suficientemente prudente para evitar a infâmia daqueles vícios que lhe tirariam o estado e guardar-se, na medida do possível, daqueles que lhe fariam perdê-lo; se não o conseguir, entretanto, poderá, sem grande preocupação, deixar estar.

Também não deverá importar-se de incorrer na infâmia dos vícios sem os quais lhe seria difícil conservar o estado porque, considerando tudo muito bem, se encontrará alguma coisa que parecerá *virtù* e, sendo praticada, levaria à ruína; enquanto uma outra que pareceria vício, quem a praticar poderá alcançar segurança e bem-estar.

> Capítulo XV, "Das coisas pelas quais os homens, e especialmente os príncipes, são louvados ou vituperados"

4. O príncipe e os seus súditos

Um príncipe deverá ... não se preocupar com a fama de cruel se desejar manter seus súditos unidos e obedientes ... . Dentre todos os príncipes, particularmente ao príncipe novo é impossível escapar à fama de cruel, por serem os novos estados repletos de perigos. ...

Contudo, o príncipe deve ser ponderado em seu pensamento e ação, não ter medo de si mesmo e proceder de forma equilibrada, com prudência e humanidade, para que a excessiva confiança não o torne incauto, nem a exagerada desconfiança o faça intolerável.

Surge daí uma questão: é melhor ser amado que temido ou o inverso? A resposta é que seria de desejar ser ambas as coisas, mas, como é difícil combiná-las, é muito mais seguro ser temido do que amado, quando se tem de desistir de uma das duas. Isto porque geralmente se pode afirmar o seguinte acerca dos homens: que são ingratos, volúveis, simulados e dissimulados, fogem dos perigos, são ávidos de ganhar e, enquanto lhes fizeres bem, pertencem inteiramente a ti, te oferecem o sangue, o patrimônio, a vida e os filhos, como disse acima, desde que o perigo esteja distante; mas, quando precisas deles, revoltam-se. O príncipe que se apóia inteiramente sobre suas palavras, descuidando-se de outras precauções, se arruína, porque as amizades que se obtêm mediante pagamento, e não com a grandeza e nobreza de ânimo, se compram, mas não se possuem, e, no devido tempo, não podem ser usadas. Os homens têm menos receio de ofender a quem se faz amar do que a outro que se faça temer; pois o amor é mantido por vínculo de reconhecimento, o qual, sendo os homens perversos, é rompido sempre que lhes interessa, enquanto o temor é mantido pelo medo do castigo, que nunca te abandona.

Deve, contudo, o príncipe fazer-se temer de modo que, se não conquistar o amor, pelo menos evitará o ódio; pois é perfeitamente possível ser temido e não ser odiado ao mesmo tempo, o que conseguirá sempre que se abstenha de se apoderar do patrimônio e das mulheres dos seus cidadãos e súditos. Se precisar derramar o sangue de alguém, deverá fazê-lo quando houver justificativa conveniente e causa manifesta. Mas, sobretudo, deverá respeitar o patrimônio alheio, porque os homens esquecem mais rapidamente a morte do pai do que a perda do patrimônio ... .

Quando, porém, o príncipe está em campanha, no comando de uma infinidade de soldados, não precisa absolutamente se preocupar com a fama de cruel, porque, sem esta fama, jamais se mantém um exército unido e disposto à ação. ...

Capítulo XVII, "Da crueldade e da piedade
e se é melhor ser amado que temido
ou melhor ser temido que amado"

5. *A raposa e o leão*

Todos reconhecem o quanto é louvável que um príncipe mantenha a palavra empenhada e viva com integridade e não com astúcia. Entretanto, por experiência, vê-se, em nossos tempos, que fizeram grandes coisas os príncipes que tiveram em pouca conta a palavra dada e souberam, com astúcia, rever a mente dos homens, superando, enfim, aqueles que se pautaram pela lealdade.

Devemos, pois, saber que existem dois gêneros de combates: um com as leis e outro com a força. O primeiro é próprio ao homem, o segundo é dos animais. Porém, como freqüentemente o primeiro não basta, convém recorrer ao segundo. Portanto é necessário ao príncipe saber usar bem tanto o animal quanto o homem. ...

Visto que um príncipe, se necessário, precisa saber usar bem a natureza animal, deve escolher a raposa e o leão, porque o leão não tem defesa contra os laços, nem a raposa contra os lobos. Precisa, portanto, ser raposa para conhecer os laços e leão para aterrorizar os lobos. Os que fizerem simplesmente a parte do leão não serão bem-sucedidos. Assim, um príncipe prudente não pode, nem deve, guardar a palavra dada, quando isso se torna prejudicial ou quando deixem de existir as razões que o haviam levado a prometer. Se os homens fossem todos bons, este preceito não seria bom, mas, como são maus e não mantêm sua palavra para contigo, não tens também que cumprir a tua. Tampouco faltam ao príncipe razões legítimas para desculpar sua falta de palavra. Sobre isto poderíamos dar infinitos exemplos modernos e mostrar quantos pactos e quantas promessas se tornaram inúteis e vãos por causa da infidelidade dos príncipes. Quem melhor se sai é quem melhor sabe valer-se das qualidades da raposa. Mas é necessário saber disfarçar bem essa natureza e ser grande simulador e dissimulador, pois os homens são tão simples e obedecem tanto às necessidades presentes, que o enganador encontrará sempre quem se deixe enganar. ...

A um príncipe, portanto, não é necessário ter de fato todas as qualidades supracitadas, mas é indispensável parecer tê-las. Aliás, ousarei dizer que, se as tiver e utilizar sempre, serão danosas e enquanto parecer tê-las, serão úteis. Assim, o príncipe deve parecer ser clemente, fiel, humano, íntegro, religioso, e sê-lo, mas com a condição de estar com o ânimo disposto a, quando necessário, não o ser, de modo que possa e saiba como tornar-se o contrário. É preciso entender que um príncipe, sobretudo um príncipe novo, não pode observar todas aquelas coisas pelas quais os homens são considerados bons, sendo-lhe freqüentemente necessário, para manter o poder, agir contra a fé, contra a caridade, contra a humanidade e contra a religião. Precisa, portanto, ter o espírito preparado para voltar-se para onde lhe ordenarem os ventos da fortuna e as variações das coisas e, como eu disse acima, não se afastar do bem, mas saber entrar no mal, se necessário.

Logo, um príncipe deve cuidar para que jamais lhe escape da boca qualquer coisa que não contenha as cinco qualidades citadas. Deve parecer, para os que o virem e ouvirem, todo piedade, todo fé, todo integridade, todo humanidade e todo religião. Não há nada mais necessário do que parecer ter esta última qualidade. Os homens, em geral, julgam as coisas mais pelos olhos do que com as mãos, porque todos podem ver, mas poucos podem sentir. Todos vêem aquilo que pareces, mas poucos sentem o que tu és; e estes poucos não ousam opor-se à opinião da maioria, que tem, para defendê-la, a majestade do estado. Como não há tribunal onde reclamar as ações de todos os homens e, principalmente, dos príncipes, o que conta por fim são os resultados. Cuide, pois, o príncipe de vencer e manter o estado: os meios serão sempre julgados honrosos e louvados por todos, porque o vulgo está sempre voltado para as aparências e para o resultado das coisas, e não há no mundo senão o vulgo; a minoria não tem vez quando a maioria tem onde se apoiar. ...

Capítulo XVIII, "De que modo devem os príncipes manter a palavra dada"

6. O papel da fortuna

Não ignoro que muitos foram e são da opinião de que as coisas desse mundo são governadas pela fortuna e por Deus e que os homens prudentes não se lhes podem opor, e até não têm remédio algum contra elas. ... Entretanto, já que o nosso livre-arbítrio não desapareceu, julgo possível ser verdade que a fortuna seja árbitro da metade de nossas ações, mas que também deixe ao nosso governo a outra metade, ou quase. Comparo a sorte a um desses rios impetuosos que, quando se irritam, alagam as planícies, arrasam as árvores e as casas, arrastam terras de um lado para levar a outro: todos fogem deles, mas cedem ao seu ímpeto, sem poder detê-los em parte alguma. Mesmo assim, nada impede que, voltando a calma, os homens tomem providências, construam barreiras e diques, de modo que, quando a cheia se repetir, ou o rio flua por um canal, ou sua força se torne menos livre e danosa. O mesmo acontece com a fortuna, que demonstra a sua força onde não encontra uma *virtù* ordenada, pronta para lhe resistir, e volta o seu ímpeto para onde sabe que não foram erguidos diques ou barreiras para contê-la. ...

Um príncipe que se apóia exclusivamente sobre a fortuna se arruína quando ela varia. Creio ainda que é feliz aquele que combina o seu modo de proceder com as exigências do tempo e, similarmente, que são infelizes aqueles que, pelo seu modo de agir, estão em desacordo com os tempos. Pois se pode ver que os homens, no que diz respeito aos caminhos que os conduzem aos fins que perseguem, isto é, glória e riquezas, agem de maneira diversa: um com timidez, outro com impetuosidade; um com violência, outro com arte; um com paciência, outro com o contrário; e cada qual, por meio desses vários modos, poderá alcançar sucesso. Por outro lado, vê-se que, de dois tímidos, um chega ao seu objetivo e outro, não; que dois homens bem-sucedidos adotaram dois modos de agir diferentes, sendo um tímido e outro impetuoso. O que não decorre por outra razão que não a natureza dos tempos, que se adequam ou não ao proceder. Daí resulta o que afirmei: que duas pessoas, agindo diversamente, alcançam o mesmo resultado; enquanto outras duas, agindo da mesma forma, atingem resultados opostos. ... Não há homem suficientemente prudente que saiba acomodar-se a isto, ou porque não consegue desviar-se da linha para onde se inclina sua natureza, ou porque, tendo sempre prosperado trilhando um certo caminho, não pode admitir que se deva afastar dele. Por isso, o homem tímido, quando chega o momento de agir impetuosamente, não sabe como fazê-lo e, por isso, se arruína ... .

Concluo, portanto, que, variando a fortuna e obstinando-se os homens em sua maneira de ser, serão felizes enquanto ambas estiverem de acordo; mas, quando elas discordarem, serão infelizes. Estou convencido do seguinte: é melhor ser impetuoso do que tímido, porque a fortuna é mulher, e é necessário, para dominá-la, bater-lhe e contrariá-la. Vê-se que ela se deixa vencer mais pelos que agem assim do que pelos que agem friamente; e, como mulher, é sempre amiga dos jovens, porque são menos tímidos, mais ferozes e a dominam com maior audácia.

> Capítulo XXV, "De quanto pode a Fortuna nas coisas humanas e de que modo se pode resistir-lhe"

7. O momento está propício para a libertação da Itália

Considerando todas as coisas ditas acima e refletindo sobre a Itália de nossos dias, a fim de questionar-se e saber se o momento atual é propício para um novo príncipe, isto é, se existe matéria para justificar a tese de que um príncipe prudente e valoroso poderia dar-lhe forma, trazendo-lhe glória pessoal e benefícios para todas as pessoas do país, parece-me que, neste momento, tantas coisas convergem a favor de um príncipe novo na Itália, ou seja, eu não vejo ocasião mais propícia para isso. ... Vê-se que [a Itália] está inteiramente pronta e disposta a seguir uma bandeira, contanto que alguém a carregue. ... Aqui, a disposição é imensa; e, onde há grande disposição, não pode haver grande dificuldade.

Capítulo XXVI, "Exortação a tomar a Itália e libertá-la das mãos dos bárbaros"

Referências e fontes

Todas as passagens do *Príncipe*, inclusive na seção "Seleção de textos", foram retiradas da tradução de Maria Júlia Goldwasser e Roberto Leal Ferreira (São Paulo, Martins Fontes, 2001).

Dos *Comentários sobre a primeira década de Tito Lívio* foram citados os livros I (prefácio, caps. 9, 25, 27, 29, 42 et passim), II (prefácio) e III (caps. 1 e 22).

A referência às adaptações do *Príncipe* para administradores ou mulheres remete aos livros *Maquiavel e gerência de empresas*, de Anthony Jay (Rio de Janeiro, Zahar, 1974) e *A princesa: Maquiavel para mulheres*, de Harriet Rubin (Rio de Janeiro, Campus, 1997).

A carta de Maquiavel a Francesco Vettori de 10 de dezembro de 1513 foi citada a partir de *Lettere de Niccoló Machiavelli* (Milão, Feltrinelli, 1961, p.303-4).

No que diz respeito ao debate sobre a relação cronológica entre *O Príncipe* e os *Comentários*, ver principalmente "Composition and Structure of Machiavelli's *Discorsi*", de Felix Gilbert, *Journal of the History of Ideas* (1953, p.136-56); "The *Prince* and the Puzzle of the Date of Chapter 26", de Hans Baron (manuscrito, acessível numa tradução italiana em Hans Baron, *Machiavelli: Autore del Principe e dei Discorsi*; Milão, Anabasi, 1994) e *Scritti su Machiavelli*, de Federico Chabod (Torino, Einaudi, 1993, particularmente p.31ss). Ver esse livro também para a estrutura do *Príncipe* (p.137-93).

A referência a Althusser na p.30 remete ao seu ciclo de aulas "Machiavel et nous", publicado em *Écrits philosophiques et politiques*, tomo II (Paris, 1995, p.119ss).

Tomo a notícia da fogueira de Ingolstadt e os dados sobre a farsa de Joly do livro *Machiavelli*, de Wolfgang Kersting (Munique, Beck, 1988, respectivamente p.156 e 166).

Leituras recomendadas

De Nicolau Maquiavel:

Além, claro, do *Príncipe*, recomendo ainda a leitura dos *Comentários sobre a primeira década de Tito Lívio* (Brasília, UnB, 1994). É a outra grande obra política de Maquiavel, na qual ele enfrenta o tema do ordenamento e da estabilidade das repúblicas, além de oferecer a sua filosofia da história inspirada por Políbio.

Para melhor conhecer a vida de Maquiavel e entender o contexto histórico:

VIROLI, Maurizio. *O sorriso de Nicolau. História de Maquiavel* (São Paulo, Estação Liberdade, 2002, trad. Valéria Pereira da Silva). Contém uma ótima biografia de Maquiavel e insere seu pensamento no contexto histórico, e mesmo assim deixa-se ler como um romance.

MASTERS, Roger D. *Da Vinci & Maquiavel: Um sonho renascentista. De como o curso de um rio mudaria o destino de Florença* (Rio de Janeiro, Jorge Zahar, 1999, trad. Maria Luiza X. de A. Borges). Esse livro, escrito no estilo de uma obra de divulgação por um renomado historiador do pensamento político, avança em direção à hipótese de uma colaboração entre Maquiavel e Leonardo da Vinci num projeto visionário de engenharia política e hidráulica.

LARIVAILLE, Paul. *A Itália no tempo de Maquiavel: Florença e Roma*. (São Paulo, Companhia das Letras, 1998, trad. Jônatas Batista Neto). É uma obra clássica de divulgação sobre o contexto histórico no qual agiram Maquiavel e os personagens que participam de suas obras: papas, capitães e *condottieri*, príncipes, reis e imperadores.

Introduções gerais ao pensamento de Maquiavel:

BIGNOTTO, Newton. *Maquiavel* (Rio de Janeiro, Jorge Zahar, 2003). Obra da coleção Passo-a-Passo, série de filosofia. Ótima introdução geral ao pensamento de Maquiavel.

SKINNER, Quentin. *Maquiavel* (São Paulo, Melhoramentos, 1988, trad. Maria Lucia Montes). Uma das melhores introduções à obra e ao pensamento de Maquiavel escrita pelas mãos de um grande historiador do pensamento político moderno.

STRATHERN, Paul. *Maquiavel em 90 minutos* (Rio de Janeiro, Jorge Zahar, 2000, trad. Marcus Penchel). Boa introdução básica ao pensamento de Maquiavel.

DE GRAZIA, Sebastian. *Maquiavel no inferno* (São Paulo, Companhia das Letras, 1993, trad. Denise Bottman). Livro muito informativo e erudito, com particular foco nas concepções antropológicas de Maquiavel.

GRAMSCI, Antonio. *Maquiavel, a política e o estado moderno* (Rio de Janeiro, Civilização Brasileira, 1988, trad. Luiz Mario Gazzaneo). Interpretação clássica que lê a obra de Maquiavel do ponto de vista marxista (o partido comunista como "novo príncipe"); foi escrita por Gramsci nas cadeias fascistas.

Obras de caráter mais acadêmico e científico:

BIGNOTTO, Newton. *Maquiavel republicano* (São Paulo, Loyola, 1991).

CORTINA, Arnaldo. *O príncipe de Maquiavel e seus leitores: Uma investigação sobre o processo de leitura* (São Paulo, Unesp, 2000).

NEDEL, José. *Maquiavel. Concepção antropológica e ética* (Porto Alegre, EDIPUCRS, 1996).

RODRIGO, Lídia Maria. *Maquiavel: Educação e cidadania* (Petrópolis, Vozes, 2002).

Sobre o autor

Alessandro Pinzani nasceu em Florença em 1966. Estudou filosofia na universidade da sua cidade natal (com tese sobre Franz Rosenzweig) e fez o seu doutorado na universidade de Tübingen, Alemanha (com tese sobre a filosofia do direito de Jürgen Habermas). Trabalhou como pesquisador e docente em Tübingen e fez seu pós-doutorado na Columbia University de Nova York. Esteve muitas vezes no Brasil como professor visitante, particularmente na Pontifícia Universidade Católica do Rio Grande do Sul (PUCRS) e na Universidade Federal de Santa Catarina (UFSC). Atualmente é membro da *Forschungsstelle für Politische Philosophie* (Centro de pesquisa sobre filosofia política) da Universidade de Tübingen.

É autor de *Diskurs und Menschenrechte* (Hamburgo, 2000), *Honeste vive! Saggi su diritto, morale e politica in Kant* (co-autoria com Maria Moneti; Milão, 2004), *Jürgen Habermas* (Munique, no prelo) e *An den Wurzeln moderner Demokratie* (tese de habilitação), e também de numerosos artigos sobre Kant, a teoria discursiva, os direitos humanos, o debate entre republicanismo e liberalismo, a teoria da democracia e os problemas éticos e políticos da globalização.

Coleção **PASSO-A-PASSO**

Volumes recentes:

CIÊNCIAS SOCIAIS PASSO-A-PASSO

Cultura e empresas [10],
Lívia Barbosa

Relações internacionais [11],
Williams Gonçalves

Rituais ontem e hoje [24],
Mariza Peirano

Capital social [25],
Maria Celina D'Araujo

Hierarquia e individualismo [26],
Piero de Camargo Leirner

Sociologia do trabalho [39],
José Ricardo Ramalho e
Marco Aurélio Santana

O negócio do social [40],
Joana Garcia

Origens da linguagem [41],
Bruna Franchetto e Yonne Leite

FILOSOFIA PASSO-A-PASSO

Adorno & a arte contemporânea [17],
Verlaine Freitas

Rawls [18], Nythamar de Oliveira

Freud & a filosofia [27], Joel Birman

Platão & A República [28],
Jayme Paviani

Maquiavel [29], Newton Bignotto

Filosofia medieval [30],
Alfredo Storck

Filosofia da ciência [31],
Alberto Oliva

Heidegger [32], Zeljko Loparic

Kant & o direito [33], Ricardo Terra

Fé [34], J.B. Libânio

Ceticismo [35], Plínio Junqueira Smith

Schiller & a cultura estética [42],
Ricardo Barbosa

Derrida [43], Evando Nascimento

Amor [44], Maria de Lourdes Borges

Filosofia analítica [45],
Danilo Marcondes

Maquiavel & O Príncipe [46],
Alessandro Pinzani

A Teoria Crítica [47], Marcos Nobre

PSICANÁLISE PASSO-A-PASSO

A interpretação [12], Laéria B.
Fontenele

Arte e psicanálise [13], Tania Rivera

Freud [14], Marco Antonio Coutinho
Jorge e Nadiá P. Ferreira

Freud & a cultura [19], Betty B. Fuks

Freud & a religião [20],
Sérgio Nazar David

Para que serve a psicanálise? [21],
Denise Maurano

Depressão e melancolia [22],
Urania Tourinho Peres

A neurose obsessiva [23],
Maria Anita Carneiro Ribeiro

Mito e psicanálise [36],
Ana Vicentini de Azevedo

O adolescente e o Outro [37],
Sonia Alberti

A teoria do amor [38],
Nadiá P. Ferreira